SANTILLANA Y ALTAMIRA

MIGUEL ANGEL GARCIA GUINEA

Editorial Everest, S. A.

MADRID • LEON • BARCELONA • SEVILLA • GRANADA • VALENCIA
ZARAGOZA • LAS PALMAS DE GRAN CANARIA • LA CORUÑA
PALMA DE MALLORCA • ALICANTE – MEXICO • BUENOS AIRES

Fotografías: Zubillaga, con la colaboración de A. Mas y Oronoz

Dirección artística: Emilio Marcos Vallaure

DUODÉCIMA EDICIÓN

© EDITORIAL EVEREST, S. A.
Carretera León-La Coruña, km 5 - LEÓN
ISBN: 84-241-4722-7
Depósito legal: LE. 1195-1991
Printed in Spain - Impreso en España

EDITORIAL EVERGRÁFICAS, S. A.
Carretera León-La Coruña, km 5
LEÓN (España)

SANTILLANA DEL MAR

UNA VILLA QUE ACUMULO TIEMPO

No es normal en nuestra Europa, removida por el progreso, la conservación de un conjunto urbano en un estado y ambiente pretérito como el que mantiene Santillana del Mar, pequeña villa de La Montaña, situada en una extendida y suave hondonada, a muy pocos kilómetros de la misma costa montañesa. Y por ello de no ser normal y representar casi un milagro de paralización en el tiempo, Santillana es uno de los pueblos más admirados de España, porque su latido, por venir o resonar desde tan lejos, trae a nosotros voces ya extintas, melancolías que fueron, penas prescritas, alegrías ya olvidadas, y todas de nuevo como destapadas de sus siglos de

1. *Vista aérea de la villa de Santillana.*

2. *Un rincón característico de Santillana.*

reposo, parecen querer renovar su vigencia acogiéndose a estas calles que permanecen ancladas en el tiempo, o a estas iglesias o monasterios con olor a incienso y cantos de monjas con cadencias casi gregorianas.

Santillana se apiña, en sus casuchas y palacios, como buscando la proximidad y el calor del hombre. Al asubio de sus muros viejos, quemados de sol y de humedades, Santillana se acerca a sí misma, apretadas unas a otras sus viviendas, medianeras las

3. *La Torre del Merino, en la plaza de la Villa (s. XV).*

4. *Vista general de la Colegiata con la casa de la Archiduquesa de Austria, a la izquierda.*

5. *Detalle de la parte superior de la portada de la Colegiata románica, con el frontón añadido en el siglo XVII.*

más veces, para sentirse hermanas y vivas, de modo que en el silencio de las tardes y en el misterio de las noches puedan oírse los vecinos y saludarse todas las mañanas con un deseo de paz y de existencia.

El tiempo da vida a la piedra, la desgasta de caricias, la envejece y la ablanda; por eso Santillana, villa de piedra, revela el tiempo y le detiene. Se para éste en los escudos que escarolean sus emblemas hacia las calles, enfáticos de grandezas y progresos altisonantes de un pasado que se exhibe aún después de la muerte y venciendo a ésta. Se aquieta en la sillería dorada de su Colegiata y se acoge allí, desconocedor de todo tránsito, en los símbolos románicos de su fachada que llevan descabezándose —mes a mes y año a año—, desde aquel siglo XII que no ha podido del todo hundirse en el olvido.

Se duerme entristecido en los rollos de pergamino de un cartulario que fue recogiendo los privilegios reales, los contratos, las ventas, las posesiones de una abadía que solo dejó el armazón cobijador de tantas devociones, tantos anhelos y tantos rezos. Si Santillana no es el tiempo sí es su huella, su constancia. Si más arriba Altamira nos proyecta hasta distancias inconcebibles en el tiempo, cuando el mundo para el hombre se estaba haciendo, aquí, en Santillana, nos le va midiendo con la precisión más comprensible de los siglos: siglos X, XII XVI, XVIII. Como un trozo de césped recoge una a una, empapándose y sin perderlas, las gotas que sucesivamente se desprenden de una gárgola, así Santillana, ha absorbido en sí a los siglos, les ha tragado hinchándose de tiempo, y ahora nos le ofrece en cualquiera

7. *Cuatro de los Apóstoles que flanqueaban la figura central del Pantocrátor, en la desaparecida portada románica. Hoy forman el frontal del altar mayor.*

8. *Capitel en el interior de la Colegiata.*

9. *Pila bautismal, con la representación de Daniel entre los leones.*

◀ **6.** *Cabecera y linterna de la Colegiata (s. XII).*

10. *Sepulcro de Santa Juliana, en la nave central de la Colegiata.*

de sus reliquias: en el pantocrátor que se pudre de vejeces, en los tejaroces que se arquean de descuidos, en los zaguanes húmedos y sombríos, en los evangelistas góticos de un retablo desvencijado o en la campana que suena, de mañana, con el mismo tañido que oyeron hombres que ya se fueron.

POESIA DE SANTILLANA

Si el tiempo es uno de los motivos poéticos más inquietantes, porque se cuelga del hombre como un pensamiento indesprendible

que le acompaña, le persigue y le sigue y le tortura, es natural que Santillana — arqueta cerrada para los siglos— haya provocado innumerable cadena de sentimientos en todos aquéllos que han podido recoger algo de esa constante evocación que producen sus piedras. Incitadora de fantasías y suscitadora tenaz de recuerdos, Santillana, a fuerza de acumular pasado, se ha hecho ella misma llama poética, piedra de versos, que sabe entregar en su silencio como un ofrecimiento de nostalgias.

Santillana vivió desconocida o no valorada durante siglos. Sin duda que las emo-

11. *Vista general del retablo mayor.* ▶

12. *El evangelista Mateo, en la predela del retablo mayor.*

vidada; cuando Víctor Hugo presentaba como principal protagonista de una de sus famosas novelas a la ensoñadora arquitectura de Notre Dame de París, y Chateaubriand elogiaba la espiritualidad del gótico o Dumas desenvolvía sus fantasías alrededor de misteriosos castillos medievales, es natural que el pueblecito de Santillana, testigo intacto de un pasado que empezaba a conmover, sintiese las miradas insistentes de una generación que comenzó a «disfrutar» de sus evocaciones.

Aquí se inició la revivencia de Santillana que, más tarde, con el espíritu de la Generación del 98 —la descubridora del paisaje y de los pueblos españoles (Unamuno, Azorín)—, se abre cada vez con más exaltación, hasta hacer decir al famoso rector de Salamanca que Santillana era una «villa envuelta en prestigio literario».

Uno de los primeros que sintió la belleza de Santillana fue el ilustre escritor monta-

13. *Busto relicario de plata de Santa Juliana.*

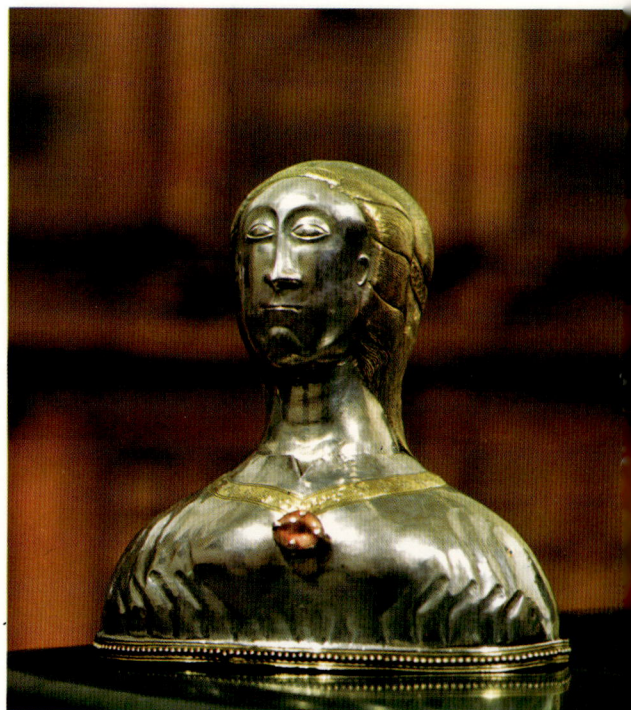

ciones que ella despertaba fueron recogidas anónimamente, porque siempre han existido hombres capaces de recibir la llamada anhelante del pasado; pero, de hecho, sólo con el romanticismo, verdadero captador de las esencias medievales, llegó Santillana a hacerse centro de una meditación continuada y eje de un juicio de valores estéticos antes desapercibidos. Cuando la sensibilidad europea, después de un neo-clasicismo frío y seco, se acogió a las excitaciones apasionadas de una Edad Media ol-

ñés Amós de Escalante, quien en «Costas y montañas», publicado en 1871, supo transcribirnos las sensaciones que le produjera la villa de la Colegiata. En el capítulo que a ella dedica, Amós de Escalante nos informa de las dos razones que dieron nombre a Santillana: *«En los orbes de la realidad y de la ficción, en el mundo de los hechos y en el de la fábula, en los faustos de la vida y de la fantasía, vive Santillana, merced a dos caracteres diversos: real el uno, imaginado el otro, pero dotados ambos por la naturaleza y el imperio de aquella energía vital, persistente, que cura de la muerte y preserva del olvido: el marqués y Gil Blas.»*

Antes, pues, del goce estético puro de la villa como urbanismo y arquitectura regional; antes del disfrute como conjunto artístico, Santillana era un simple recuerdo de historia y de fábula. La figura de don Iñigo López de Mendoza, marqués de Santillana, se adscribía a nuestro pueblo y desde lejos parecía localizársele en cualquiera

14. *Cruz procesional gótica.*

15. *Cristo barroco (s. XVII).*

de sus casas componiendo, en los ratos que la guerra no le acuciaba, las famosas «Serranillas». Por otra parte, el nombre de Santillana estaba ya recorriendo Europa, desde 1715, cuando Alain René Lesage creó aquella figura mítica de «Gil Blas de Santillana», uno de los últimos héroes de la picaresca española. Pero Amós de Escalante recoge, sin duda, en sus páginas, la primera sensación emocional, romántica y moderna, que le produce un caserío cargado de algo más que de historia y fábula.

13

16. *Vista del claustro de la Colegiata desde la linterna (s. XII).*

Ve y disfruta la Santillana viva, la Santillana acopiadora de tiempo, valor en sí suficiente aunque la historia se olvide, y exclama: «*Yo no sé qué austera grandeza respiran sus dos calles costaneras, desiguales*»... o, —al referirse al Campo de Revolgo—: «*Hoy cubren el campo copudos árboles de anchos troncos, y la fuente cristalina que mana copiosa en medio de ellos, parece hecha brotar por Dios para limpiar el sitio de la sangre vertida en estériles discordias domésticas.*»

Pocos años más tarde el gran novelista *Pérez Galdós* ve Santillana con un intimismo mucho más acusado y la historia, aunque presente, deja espacio al pensamiento creador que va analizando, además, los detalles del silencio: «*No se ve gente. No hay nadie. Nadie nos mira, nadie nos sigue, y el roñoso gozne de la ventana secular no gime lastimoso abriéndose para dar paso a un semblante humano*» («Cuarenta leguas por Cantabria»).

Mucho debemos también en esta valoración de Santillana, ya patente en el último tercio del pasado siglo, a la familia Barreda, de siempre solariega de la villa. A principios de siglo, don Blas de Barreda (aquél a cuya casa dirigían los del pueblo al visitante o viajero que preguntaba por Gil Blas de Santillana) supo crear una magnífica biblioteca con incunables y volúmenes raros; más tarde, hacia 1872, la marquesa María de Barreda, al encerrarse en Santillana, congrega en su casa a muchos intelectuales que van popularizando las excelencias de la villa. La nobleza, unida a la literatura, fue creando el ambiente que llevó en 1889 a la declaración de Monumento Nacional, título que hoy sigue conservando la villa y gracias al cual, y a la protección que él implica, podemos vanagloriarnos de una Santillana que ha sabido mantener su urbanismo secular, sin perder el ambiente creado en otras épocas.

En fecha más reciente, Santillana ha pasado de lleno a la poesía y ha inspirado estrofas a José del Río Sainz, Jesús Cancio, Manuel González Hoyos, Ramón de Garciasol, José Hierro, etc. Generación tras generación, unas valorando el aspecto ex-

15

17 y 18. *Capiteles del ala sur del claustro: arriba, Daniel entre los leones; abajo, Sansón desquijarando al león y el recibimiento del caballero (finales del siglo XII).*

19 y 20. *Capiteles del ala sur del claustro: arriba, Descendimiento de Cristo; abajo, lucha del caballero y el monstruo (finales del siglo XII).*

terno simplemente de la villa, otras acumulando sensibilidad en ella, Santillana ha ido creciendo en popularidad y admiración siendo en la actualidad uno de los pueblos más visitados del mundo.

SU HISTORIA

La Santillana actual, sin embargo, no es, sin duda, la más vieja Santillana. Puestos a buscar antecedentes de habitabilidad humana en estas lomas y praderías vecinas del mar, tendríamos que remontarnos hasta la propia prehistoria. ¿Quién puede dudar que los primeros antepasados de estos vecinos de Santillana fueron los moradores de Altamira? Porque si no lo fueron en el sentido estricto de una descendencia, lo fueron al menos en la comunidad de paisaje y de solar. Es cierto que entonces, allí en los lejanos siglos del magdaleniense, el hombre pisaría, persiguiendo al bisonte o al caballo, el lugar desierto donde muchos milenios después, otros hombres colocan las primeras piedras de un humilde monasterio. Así, si una idea religiosa, más o menos incipiente, pudo servir de motivo para la creación del mejor conjunto pictórico del arte cuaternario, otra inquietud o creencia religiosa originará también el nacimiento de un pequeño embrión rural alrededor de las reliquias de una santa.

Santillana surgió así, posiblemente, en el siglo IX, como consecuencia de una especial situación histórica y social, de nuestras montañas cantábricas. Nuestras tierras —que hasta hace pocos años han conservado el nombre de Asturias de Santillana— entraban en aquel siglo bajo el dominio de la reciente monarquía asturiana, creada al resguardo de nuestros montes como organización cristiana opuesta a los avances de los ejércitos árabes. Concentrados aquí, en las montañas de Asturias y Cantabria —como sabemos—, los restos del desmoronado y vencido poder visigodo, e iniciada después de Covadonga, la reestructuración de las fuerzas cristianas, se provoca una necesidad de repoblación de campos antes yermos, repoblación que va a ser favorecida y protegida por los reyes asturianos con la creación de focos religiosos y políticos, que serán los monasterios.

Las reliquias de Santa Juliana, mártir de Bitinia en tiempos de Diocleciano, dieron origen posiblemente a una pequeña iglesia que se elevó en el lugar denominado Planes. Este viejo nombre fue, poco a poco, cediendo ante la importancia que iba tomando el monasterio («Monasterium Sancta Juliana») que acabó por predominar y, transformándose, dio el actual Santillana. ¿Sabemos acaso cuándo se edificó este monasterio? Por la bastante nutrida documentación de su cartulario, es seguro que existe organizado en el siglo X, luego es muy probable que ya en el IX —como antes dijimos— tuviese sus comienzos. Las vicisitudes, con más o menos lagunas, pueden quedar reducidas a estos datos: sabemos de sus abades Ermenegildus y Alvaro, hacia mediados del siglo X. Otro Abad, Indulfo, hace donación de sus bienes «a Dios y a la iglesia de Santa Juliana». Durante este siglo el monasterio es protegido por los condes de Castilla que ceden abundantes posesiones que van asegurando la permanencia de una comunidad. En el siglo siguiente es también protegido por los reyes de Castilla, lo que hace pensar que Santillana es, sin duda, un centro religioso de importancia que obliga a mediados del XII a la construcción de una gran iglesia románica que posiblemente ocasiona la desaparición de la anterior, tal vez edificio asturiano o mozárabe. Según Josué, el cambio de monasterio a colegiata sucede en los comienzos del siglo XII. Las atribuciones del abad van cada día en aumento, poder que se concreta en el fuero de Santillana, promulgado y concedido por Alfonso VIII, en 1209, que hace al abad «el verdadero señor de la villa».

Pero junto al abad, y con poderes sobre todo militares, el rey colocó el merino, cuya sede, en el siglo XV, era la hoy llamada «Torre del Merino» en la plaza de la villa.

Pronto el poder de la nobleza hace difícil mantener este equilibrio abad-merino, las luchas de banderías entre Mendozas y Manriques repercuten en Santillana, y con la concesión de este marquesado a don Iñigo López de Mendoza, el autor de las «Serranillas», la casa de los Mendoza se hace dueña, prácticamente, del pueblo, siendo la mayor parte de los abades, a partir de 1560, de esta familia.

En el Gobierno de los Austrias, Santillana cae bajo la autoridad del corregidor de las cuatro villas y más tarde pasaría a pertenecer al partido de Laredo.

Parece indudable, incluso ateniéndonos a la arquitectura conservada, que durante el siglo XVI y XVII Santillana decae, y solo con la vuelta de los indianos, ya en el siglo XVIII, hay una revivencia que se vislumbra en las numerosas casas de nobles escudos arregladas o levantadas en esta época.

LA SANTILLANA RELIGIOSA

a) *La Colegiata*

Como consecuencia de este doble poder abad-merino, la villa santanderina mantiene todavía reliquias de estas dos tendencias: la religiosa y la militar.

Destaca como testimonio más fehaciente de la primera la *soberbia colegiata* que fue, como apuntamos, el centro y origen del caserío.

Aparece hoy como edificio románico de respetables proporciones; situado en el extremo norte del pueblo, aislado casi, y ofreciendo hacia el sur una placita recogida. Se accede a ella a través de entrada adornada con leones sedentes portadores de escudos muy desgastados. Frente a ellos se abre la única puerta que da hoy acceso al templo, puerta que, aún modificada en su tramo final, mantiene toda una ordenación románica con bellas arquivoltas lisas que apoyan sobre capiteles animalísticos desgraciadamente muy erosionados. En las enjutas, y en horizontal sobre la línea superior del arco, aparecen numerosos bajo-

rrelieves románicos: obispos, apóstoles, monjes, muchos de ellos descabezados por el tiempo y la incuria. En el centro un pequeño pantocrátor, envuelto en mandorla que portan ángeles en posición de vuelo, se difumina casi a fuerza de erosión. Esta portada, tanto en su arquitectura como en esta ruda escultura, parece poder adscribirse a los mediados del XII que es posiblemente la fecha en que la mayor parte de la Colegiata —salvo añadidos— fue construida. Entre estos postizos figura el frontón de la puerta en cuyo tímpano aparece, dentro de hornacina, la figura tradicional de Santa Juliana domeñando al demonio. A pesar de ser este final posiblemente del siglo XVII-XVIII, el tiempo y ese sexto sentido del cantero popular han hecho que se armonice tan plenamente con lo románico que una misma cadencia ha unificado sensibilidades distintas para ofrecernos un todo sin contrastes ni rompimientos.

El muro sur de la Colegiata, donde apoya esta portada, se corona con una bella logia, también del siglo XVII-XVIII, formada por arcaduras rebajadas sobre pilastras. Para la realización de esta galería se hubo de romper la parte alta del muro románico que estaba coronada de bellos canecillos iconográficos que en 1966 aparecieron entre las bóvedas de la iglesia y hoy se conservan sobre repisas en uno de los laterales del claustro. A la derecha de la puerta se alza una torre cilíndrica, muy bella, separada en varias zonas por impostas de billetes y coronada por ventana ajimezada de medio punto. También románica, de la misma fecha que la portada, hay que emparentarla con torres semejantes que vemos en la iglesia románica de Frómista (Palencia). La sacristía se pega a ella en edificio amazacotado de sillería, con cornisa moldurada, obra del siglo XVIII y que oculta el muro sur del crucero que aparece sólo en parte por encima de su tejado mostrando media ventanita románica de medio punto y una fila en doble vertiente de canecillos de la misma época. Sobre este brazo se eleva la linterna del crucero, torre maciza y primi-

21. *Arcaduras y capiteles de la galería oeste del claustro (s. XII).*

tiva coronada por arcos ciegos de medio punto y terminada por canecillos simples. En la zona baja de esta linterna se abren ventanas que iluminan el interior del crucero.

Al Este de la linterna, y a la altura de las naves del transepto, cierran el edificio tres ábsides románicos de muy bella traza, restaurados en parte, obra también de comienzos del XII. Destacan sus ventanales de medio punto con arquivoltas de baquetón y capiteles iconográficos o vegetales. La separación de zonas se hace por medio de impostas de ajedrezado o billetes.

El muro norte de la colegiata, que da al claustro, y que, por lo tanto, no puede verse desde el exterior, mantiene toda su hilera de canecillos del tipo de los que, colocados sobre el muro sur, hoy se conservan en una de las galerías del claustro.

La torre campanario que en el lado Oeste de la iglesia destaca sobre los tejados del edificio, es de construcción posterior, sin duda ya del siglo XIII, como fecha más moderna. Lleva troneras apuntadas sin ningún género de decoración. La construcción de este campanario destrozó casi con seguridad una puerta monumental que, orientada hacia el poniente, debió de organizarse a base de un espléndido apostolado cuyo centro ocupaba la figura del pantocrátor policromado que se cobija hoy bajo los techos del claustro. De los doce apóstoles que le acompañaban —seis a cada lado— sólo han resistido las vicisitudes del tiempo cuatro de ellos, que forman hoy el frontal del altar exento. Este apostolado debió de esculpirse —como el claustro— en los años finales del siglo XII.

El *interior* de la Colegiata es espacioso, aunque sombrío como corresponde a la iluminación natural precaria del románico. Un coro barroco reduce la visión longitudinal de la iglesia que también se alargaría si el retablo del ábside mayor no quitase profundidad a esta parte de la cabecera.

22. *Capiteles iconográficos y de entrelazos de la galería oeste del claustro.*

La nave central es más ancha y sin duda estuvo cubierta con bóveda de cañón que ahora aparece substituida por otra nervada de finales del siglo XIII. Las naves laterales, más estrechas, llevan bóveda igualmente nervada de cuatro o seis plementos. El crucero no sobresale de la línea normal de muros y se cubre con cúpula de media naranja reformada. Los ábsides, tres, el mayor más ancho y profundo, por tener presbiterio, se cierran con bóveda de horno. Los pilares de separación de naves son compuestos con medias columnas coronadas por bellos capiteles iconográficos con distintos temas y todos ellos de principios del siglo XII. Destacan las luchas de guerreros; los hombres transportando una cuba, etc. Los cimacios son tallados en entrelazos y rosetas que recuerdan aquellos de Frómista.

En el hastial, debajo de la torre, y en capilla cerrada por verja, se conserva una bella y monumental pila bautismal que lleva en uno de sus lados la escena multi-repetida en el románico de Daniel entre los leones.

En la nave central, muy cerca del crucero, se halla un sepulcro con la figura yacente de Santa Juliana, patrona de la iglesia, que pisotea al demonio. Parece obra popular del siglo XV y se halla rodeada de bella reja de hierro forjado.

En el brazo derecho del crucero aparece otro sepulcro de tipo sarcófago sostenido por leones, cuya cronología puede ser del siglo XII, en sus finales. Se le viene llamando de doña Fronilde, personaje que favoreció con donaciones al monasterio.

Unas grandes y altas escalinatas ocupan

22

el prebisterio, cerrándose el ábside central con retablo de arquitectura gótica y tablas pintadas del siglo XVI que recogen escenas de la vida de Santa Juliana y de Cristo. Parece obra del taller de León Picardo. La predella lleva el bulto de los cuatro evangelistas, obra de finales del siglo XV. Se corona el retablo con Calvario gótico de bastante interés.

Pero lo más llamativo de este altar es el frontal de plata repujada, obra del siglo XVIII. En el exento se han colocado los restos del apostolado de la puerta del Oeste. Son bajorrelieves tallados con una delicadeza de pliegues muy del gusto de los finales del siglo XII, obra segura del mismo maestro que talla el pantocrátor del claustro y posiblemente los capiteles de este último.

La sacristía de la Colegiata se abre en edificio adjunto a la fábrica románica, entrándose en ella por puerta situada en el brazo derecho del crucero. Se guardan en

23. *Arcaduras y capiteles de la galería norte del claustro (finales del siglo XII).*

24. *Capitel de los soldados, en el ala norte del claustro (finales del XII).*

esta sacristía excelentes piezas de orfebrería del tesoro de la iglesia, destacando un relicario románico de plata, una cruz procesional gótica con fragmento del Lignun Crucis, cálices del mismo metal, bandejas del siglo XVI, etc.

De destacar también, en el hastial de la iglesia, nave lateral izquierda, un bello Cristo crucificado, extraordinaria obra anónima de la escuela castellana de imaginería del siglo XVII.

b) *El Claustro*

Complementa la riqueza artística de la Colegiata su claustro románico adjunto al que se accede por puerta abierta en el muro izquierdo de la iglesia. Bellísima pieza arquitectónica, tiene el interés de ser el único claustro conservado en el románico montañés. De las cuatro líneas de arcaduras, solo una, la del Este, fue modificada posteriormente, habiendo perdido también un trozo la del sur por la construcción de una pequeña capilla gótica. El resto mantiene aún sus capiteles originales, obra de los finales del siglo XII en parte y de los comienzos del XIII el resto. La galería meridional es la más antigua conservándose en ella interesantes capiteles iconográficos tallados por la misma mano que realizó los apóstoles del frontal del altar mayor. Numerosas escenas bíblicas y evangélicas cubren los citados capiteles, destacando uno con el pantocrator, emblemas de los evangelistas y apóstoles, y otros con la figuración de Daniel entre los leones, el Descendimiento, dama que recibe a un caballero, Sansón desquijarando al león, guerrero luchando con un monstruo mientras el caballo es devorado por las alimañas, etc. etc. La galería oeste tiene predominio de capiteles de grifos, vegetales, entrelazos, etc. recordando, en tosco, el primor de las tallas de Silos. La galería norte lleva toda ella capiteles de tipo cisterciense. En la pared de esta galería se hallan colocados todos los canecillos románicos que, aparecidos en las bóvedas, cubrían la cornisa del muro sur de la iglesia y que desaparecieron al construirse la logia que en el siglo XVII se colocó sobre la portada.

En el ángulo N-E del claustro se conservan, desplazados, tres relieves románicos que debieron de formar parte de la vieja puerta del oeste destrozada al colocarse la torre. Destaca el gran Pantocrátor, policromado, portador de un libro en su mano izquierda y en actitud de bendecir la derecha. Parece obra de finales del XII en relación con las escuelas de tallistas que en esta época trabajan en Castilla (San Vicente de Ávila, Aguilar de Campóo, Carrión de los Condes). Los otros dos relieves que representan a la Virgen con el Niño en sus rodillas y a Santa Juliana domeñando al demonio han sido recientemente instalados en los ábsides menores de la iglesia.

c) *El Convento de Regina Cœli: Museo Diocesano*

Posiblemente uno de los atractivos más destacados de Santillana sea hoy el Convento de Regina Cœli, donde se halla el recién instalado Museo Diocesano. Obra todo él del capellán de las monjas clarisas, P. Niceas, representa un enorme esfuerzo por el salvamento de la imaginería popular montañesa, tan expuesto en esta época, aquí y en el resto de las provincias, a la pignoración y al abandono.

El Convento de Regina Cœli se fundó en 1598 por don Álvaro de Velarde; fue primero de dominicos y sólo desde 1835 lo ocupan las clarisas. El claustro es de una limpieza renacentista casi herreriana y en él figura ahora una exposición permanente de fotografías del románico montañés. Su piso alto es ya parte del Museo Diocesano y congrega numerosas imágenes policromadas recogidas de numerosas iglesias de la provincia, la mayor parte cedidas en depósito por las correspondientes parroquias. Vemos iconografías muy típicas y populares de San Roque, relieves con escenas de la vida de Cristo, santos patronos, mártires, etcétera; todos ellos sentidos con la ingenuidad de simples artesanos que demostraban así un sentimiento religioso de siempre arraigado en las aldeas montañesas. No busque aquí el visitante obras maestras, aunque las hay, como el sepulcro del Conde de Aguero, pieza valiosísima del siglo XIV; el valor de este Museo está precisamente en algo que no suele verse en los demás españoles, cargados de magníficas esculturas de talleres y maestros de primera fila; aquí es lo humilde, lo aldeano lo que priva. Aquí es sólo la inspiración del hombre campesino o montañés que de la madera de sus propios árboles ha hecho «santos» para sus ermitas, sin normas ni academias, a la buena de Dios, poniendo eso sí toda su alma, su pobreza, su ignorancia, pero también su amor, al servicio de sus devociones más queridas y de sus tradiciones más remotas.

El Museo está ampliándose día a día, completándose además, con un excelente taller de restauración donde las propias clarisas trabajan. Cientos de imágenes, tallas, lienzos, etc., se han ido aquí consolidando y salvando utilizándose técnicas modernas y

26. *Santa Ana y la Virgen, relieve románico que formaría parte de la decoración de la portada desaparecida.*

27. *Santa Juliana domeñando al demonio. Relieve de finales del XII.*

28. *Claustro del convento de Regina Coeli, donde se halla instalado el Museo Diocesano de escultura popular religiosa.*

directrices absolutamente científicas. Es sin duda uno de los laboratorios de restauración más cuidadosa y cariñosamente llevados.

d) *Convento de Dominicas*

Frente al de las clarisas, hacia el este, se levanta este convento de Dominicas, rodeado de altas paredes. Fue fundado por don Alonso Gómez del Corro en el siglo XVIII. En la iglesia se mantienen los escudos del fundador y de la casa Mendoza-Luna.

SANTILLANA CIVIL

Dos calles forman el conjunto urbano de Santillana, una, a la izquierda —calle de Juan Infante—, nos lleva directamente al centro civil de la villa, es decir, a la plaza de Ramón Pelayo donde se levanta el Ayuntamiento, casona del siglo XVIII, de amplia balconada, y la *Torre del Merino* («la torrona»), propiedad de la Marquesa de Torralba. Esta torre conserva todo su carácter del siglo XIV; su coronación de almenas, aún puede apercibirse a pesar de la cubierta posterior que se le ha colocado. Su interior conserva toda la armadura de madera de la época y, durante el verano, se convierte en exposición de las más variadas manifestaciones artísticas.

Destaca también en esta plaza la *torre de Don Borja*, edificio del siglo XV-XVI con patio interior digno de la torre. Ha sido propie-

29. *Galería superior del claustro del convento de Regina Coeli* ▶

dad sucesivamente de los Güel, princesa de Baviera y princesa de Bragation. En la actualidad ha pasado a ser propiedad de la Fundación Santillana, que la utiliza como sede y celebra en ella, continuadamente, importantes exposiciones artísticas y culturales.

Completan la plaza varias casas de interés popular y el Parador Nacional de Turismo «Gil Blas», antigua casona de los Barreda-Bracho cuyo escudo ostenta.

La calle de Juan Infante, que es la que nos ha llevado hasta esta plaza, se bordea también con casas muy típicas, de ambiente extremadamente rural, y otras casonas solariegas entre las que destaca la *casa de los Estrada*, frente al parador.

La otra calle importante de Santillana, es la que, nada más entrar en la villa por el cruce de Barreda, se toma a la derecha. Lleva varios nombres, conforme se va acercando a la Colegiata. Santo Domingo, Carrera, Cantón y del Río. Pero antes de llegar a ella ya encontramos dos casas notables, a la izquierda el *palacio de Benemejis* de Sistallo, del siglo XVIII, que muestra en su fachada el escudo de los Peredo. Contiene esta casa interesantísima biblioteca, con incunables, manuscritos y colecciones genealógicas, que fue iniciada por don Blas de Barreda a principios del siglo XIX.

30. *Museo Diocesano. Estatua yacente del Conde de Aguero (s. XIV).*

31. *Museo Diocesano. Imágenes populares barrocas de San Roque.*

32. *Comienzo de la calle de Juan Infante.*

La *casa de los Villa*, próxima a la anterior, pero a la derecha, es también del siglo XVIII, con balcones de orejeras, antepechos de púlpito y escudo con armas de los Villa, Cos, Bracho y Bustamante, destacando la moraleja de «Un buen morir honra toda la vida».

Sucesivamente, entrando ya en la calle de Santo Domingo, vamos encontrándonos las casas de Barreda, Gómez Estrada, de la Cueva y Bustamante, todos en general del siglo XVIII, para llegar a la torre de los Velarde, del XV, desde donde ya podemos contemplar los tejados de la

La calle desciende ahora, tomando el nombre de El Cantón, encontrándose a la izquierda el paso hacia la estrecha y medieval calle de las Lindas donde está la Casona de Valdivielso, hoy Hotel Altamira. A la de-

recha la torre de Jesús Otero, escultor actual montañés, con bellas ventanas de arcos conopiales.

Siguiendo esta calle, a derecha e izquierda, casas populares, hasta llegar a la casa *llamada de Leonor de la Vega*. La tradición asigna este solar a la madre del Marqués de Santillana don Iñigo López de Mendoza. A la derecha, y frente a un jardín de altas tapias, se destaca esta casa por su construcción de ventanas adinteladas entre las que aparecen escudos sencillísimos de la casa de la Vega.

Parece todo ello de finales del siglo XV o principios del XVI.

A pocos metros, y en la misma mano, otra casa de los Villa, con su monumental escudo barroco llamado de «los hombrones», por dos soldados, a modo de sayones de imaginería procesional, que dan guardia a las armas de esta vieja familia de Santillana.

Frente a la Colegiata, y antes de llegar a ella, las *casonas de Cossío y Quevedo*, a la derecha, con espléndidos escudos, y la casa

33. *Plaza de Ramón Pelayo; a la izquierda, el Ayuntamiento; al fondo, solanas típicas montañesas y Torre de Don Borja (hoy sede de la Fundación Santillana).*

34. *Parador Nacional de Gil Blas.*

35. *Fachada de la casa de los Villa (s. XVIII).*

36. *Casas típicas populares, frente a la fuente, antes de llegar a la Colegiata.* ▶

37. *Casas de la calle de la Carrera, en su desembocadura a la de Santo Domingo.*

38. *Una calle de Santillana con su típico empedrado; al fondo, la Colegiata.*

39. *Casa que se viene considerando de Doña Leonor de la Vega, madre de D. Iñigo López de Mendoza, Marqués de Santillana (s. XV).*

40. *Escudo de «los hombrones», en una casa de los Villa.*

42. *Casa palacio de Velarde, frente a la cabecera de la Colegiata.*

41. *Soportales de la «casa del Abad», a la derecha, y casa y jardín de la Archiduquesa de Austria.*

44. *Fachada del Hotel Los Infantes, procedente de una casa solariega del inmediato lugar de Oreña.*

◀ **43.** *Fachada lateral del palacio de Velarde.*

de la *Archiduquesa de Austria*, a la izquierda, antigua casa de los abades, obra del siglo XVIII.

Pasada la Colegiata, en solitario, al otro lado de la plazuela de las Arenas, se alza la *casa palacio de los Velarde*, bastante restaurada, pero con traza casi renacentista.

Nos queda solo por señalar, al otro lado de la carretera, ya descentrada del propio casco urbano, la casa solariega *de los Tagle*, propiedad de los herederos de la Marquesa de las Forjas, con bella fachada abalconada y señalados escudos de la familia con la figuración de un caballero alanceando un dragón ante la presencia de una figura orante.

Se asoma esta casa al llamado *Campo de Revolgo*, pequeño parque de viejos robles donde la tradición asegura se celebraban los torneos medievales y que hoy es campo de romerías.

Santillana del Mar es, en su conjunto tanto por lo que conserva de arquitectura civil popular, como por sus edificios religiosos y militares, uno de los pueblos más significativos de la historia pretérita de España, un verdadero fósil del ser y sentir de unas generaciones ya desaparecidas y por ello una verdadera isla que ha salvado, impidiendo la evolución que es muchas veces destrucción, el espíritu y el recuerdo de otras épocas. Y es en esta comunión con los valores históricos y sentimentales del pasado donde todavía el hombre de hoy puede encontrar un alivio que suavice la dureza de una civilización demasiado práctica, que parece haber olvidado los lazos que la unen irremediablemente al pretérito. Y todo esto que Santillana nos despierta o nos aviva es un hilván que busca las raíces de nuestro propio ser, la misma sangre de los antepasados que es la nuestra. Aquí, en Santander, al pie de las montañas y vecina del mar existe una villa vieja, Santillana, que puede hacer reales los versos de Carlos Frühbeck:

*«Pero tiene que haber tras de los montes
otra luz afilada que renueve
nuestros pasos de sombra hacia lo eterno.»*

45. *Fachada de la casa de los Tagle.*

CUEVAS DE ALTAMIRA

EL DESCUBRIMIENTO DE LA CUEVA Y DE LAS PINTURAS

Corría el año 1868, quizás en los meses primaverales, cuando un cazador llamado Modesto Cubillas, vecino de Puente de San Miguel, descrubría en el sitio llamado de Juan Mortero, en las proximidades de Santillana del Mar, una cueva «nueva» que había estado oculta siglos y siglos por maleza y escombros. Su perro le dio la pista; persiguiendo una alimaña penetró en la gruta que poco después iba a adquirir renombre internacional con el apelativo de «Altamira».

Por esta misma época sabemos que los estudios sobre el hombre prehistórico estaban iniciándose en Europa, sobre todo en Francia, donde ya habían aparecido obras fundamentales en este sentido como «Antiquités celtiques et antediluviennes», de Boucher de Perthes, en 1847, y la revista de Mortillet: «Materiaux pour servir a l'histoire primitive de l'homme», 1864. El misterio de la más vieja y remota existencia del hombre se estaba comenzando a desvelar y aquellos relatos míticos que intentaban explicar nuestros orígenes iban siendo poco a poco, con la demostración palpable de los hallazgos, criticados y corregidos.

España también se unía a este concierto investigador tanto con el trabajo de auténticos científicos, como Vilanova, catedrático de la Universidad de Madrid, como con el de aquellos entusiastas aficionados en los que, muchas veces, la apasionada vocación suplía con creces el rigor sistemático de la ciencia.

Entre estos últimos destacaba, por su cons-tancia e inteligencia, un santanderino de pro, residente mucho tiempo en el citado Puente de San Miguel, a pocos quilómetros del lugar de Altamira, llamado Marcelino Sanz de Sautuola.

Había nacido en 1831, de modo que se encontraba en la edad de 37 años cuando la cueva de Altamira fue descubierta. Enormemente interesado por este apasionante problema de los orígenes del hombre, Sautuola estaba al corriente de todas las novedades que la ciencia francesa y europea iba presentando a este respecto. Avisado sin duda por Modesto Cubillas, Sautuola buscó ocasión de conocer la nueva cueva descubierta y realizar en ella algunas investigaciones y excavaciones, tal como venía haciendo en otras de la provincia.

En 1875 Sautuola entrará por primera vez en la cueva de Altamira, y aunque ve algunas pinturas en negro al final de la gruta no las valora, en razón a su poca entidad, sin duda; varias «rayas negras repetidas», dice.

Parece indudable que la visita a la Exposición Universal de París en 1878 provoca en Sautuola —ante la contemplación de útiles prehistóricos— un nuevo y más potente afán de investigar las posibilidades que las cuevas santanderinas podían tener como depósitos testigos de la vivencia del hombre cuaternario. En 1879 vuelve de nuevo don Marcelino a la Cueva de Altamira, acompañado esta vez por su pequeña hija María. El interés del padre es excavar en busca de objetos o restos humanos; la hija, más curiosa ante la novedad para ella de una cueva, dirije la vista hacia la bóveda y contempla por primera vez, extrañada, las figuras rojas y misteriosas de unos «bue-

46. *La loma de Altamira, al fondo, donde se abre la famosa cueva prehistórica.*

47. *Bajo el monolito, construido en memoria de Marcelino Sanz de Sautuola, y entre los árboles, se abre el acceso a la cueva de Altamira.*

sobre huesos de la Exposición de París; allí se exponían fragmentos óseos de animales contemporáneos del hombre primitivo grabados con una altura de arte ciertamente insospechado. Su intuición le va acercando cada vez más a la verdad. *«No será aventurado —decía un año después en su folleto ”Breves apuntes sobre algunos objetos prehistóricos de la provincia de Santander”— admitir que si en aquella época se hacían reproducciones tan perfectas, grabándolas sobre cuerpos duros, no hay motivo fundado para negar en absoluto que las pinturas de que se trata tengan también una procedencia tan antigua.»*

Sautuola salió aquella tarde de Altamira

49. *El techo de la «Capilla Sixtina del Arte cuaternario».*

48. *D. Marcelino Sanz de Sautuola, descubridor de las pinturas prehistóricas.*

yes», para ella, que resultaban sangrientos sobre la roca amarillenta del techo.

El hecho del descubrimiento de las pinturas estaba realizado. Sautuola quedó, como él mismo afirma, «sorprendido». Ante aquel conjunto de pinturas que van poco a poco aclarándose y delimitando sus formas y posturas, en medio casi de la oscuridad de la sala, don Marcelino comienza a sopesar posibilidades que acaban, unas y otras, en continuas e indecisas interrogaciones: ¿Quién pintó esto? ¿Cuándo pudo pintarse? ¿No son, ciertamente, bisontes, con sus jibas y sus cuernos, los animales allí representados? ¿Quién pudo ver bisontes, ya desaparecidos de estas latitudes en época antehistórica? ¿Sería todo obra de un guasón o reliqia insospechada del hombre prehistórico?

Sautuola recuerda los objetos grabados

absolutamente soprendido, contento, pero inseguro. ¿Había realizado un descubrimiento sensacional o era por el contrario, blanco de una bien pensada y realizada broma?

Parece indudable que don Marcelino comunicase inmediatamente con Vilanova, buen amigo suyo, al que explicaría con detalle lo que había visto. Sabemos de la venida de Vilanova a Altamira y es muy probable que analizase detenidamente las pinturas con Sautuola.

El hecho es que éste no dejó pasar mucho tiempo sin dar a la imprenta el folleto citado de «Breves apuntes...» donde, respaldado sin duda por la opinión de Vilanova, presentó al mundo su hallazgo, reproduciendo por primera vez una panorámica del gran techo polícromo de Altamira y, lo que es más valiente aún, afirmando la asignación de las pinturas a la época prehistórica.

POLEMICA EN TORNO A LA AUTENTICIDAD PREHISTORICA DE LAS PINTURAS DE ALTAMIRA

La publicación de Sautuola fue, sin duda, recibida por los grandes prehistoriadores de entonces a quien el autor es muy seguro que

50. *Portada del folleto en el que Marcelino Sanz de Sautuola defendió por vez primera en el mundo la existencia del Arte rupestre cuaternario.*

BREVES APUNTES

SOBRE

ALGUNOS OBJETOS PREHISTÓRICOS

DE LA

PROVINCIA DE SANTANDER,

por

Don Marcelino S. de Sautuola.

C. de la Real Academia de la Historia.

SANTANDER, 1880.

Imp. y lit. de Telesforo Martínez,
BLANCA, 40.

51. *Reproducción de parte del techo polícromo de Altamira, realizada por el Prof. Pitsch, e instalada bajo los jardines del Museo Arqueológico Nacional de Madrid.*

52. *Situación de las pinturas del salón de los polícromos, sacada de un plano de la copia existente en Madrid.*

enviase la obra. Ni Cartailhac —figura de primera línea, profesor de Prehistoria de Toulouse—, ni Mortillet, el patriarca entonces de la Prehistoria francesa, parece que se sienten impresionados por el descubrimiento, al que no atribuyen la menor importancia científica. La postura general de todos los prehistoriadores franceses es, o negar rotundamente el carácter paleolítico de las pinturas o no interesarse en absoluto por ellas. Mortillet mismo en su obra «Origine et antiquité de l'homme», publicada en 1883, es decir, tres años después del folleto de Sautuola, ni siquiera hace mención de las pinturas de nuestra famosa cueva.

Pronto vemos establecerse dos frentes distintos en esta lucha sobre el auténtico valor testimonial de las pinturas. De una parte, en solitario casi, el grupo español representado por el descubridor y Vilanova que, pese a las negativas y cerrazones, no dejan de insistir pacientemente, cuando la ocasión se les presenta, en la aseveración de la autenticidad prehistórica del arte de Altamira. De otra, el grupo francés y europeo, en general, encastillado en la indiferencia ante un hecho que estimaban falso e inadmisible.

De nada sirvió la actuación de Vilanova ante el Congreso Internacional de Antropología y Arqueología Prehistóricas de Lisboa, celebrado en el mismo año de 1880, ni las continuadas manifestaciones de honradez científica de Sautuola. Los grandes «dictadores» de la prehistoria de la época permanecen sordos e impasibles. En 1881 viene el paleontólogo francés Harlé, a Altamira con objeto de presentar un informe sobre el particular. Las conclusiones del mismo fueron altamente humillantes para Sautuola, ya que se negaba la antigüedad de las pin-

49

53. *Detalle del grupo de bisontes del techo de Altamira.*

54. *Reproducción del bisonte hembra echada del techo de Altamira (según H. Breuil y H. Obermaier).*

turas considerándolas ejecutadas entre 1875 y 1879 fechas de las dos entradas del santanderino en las cuevas.

La polémica trasciende y en nuestra propia patria los historiadores y científicos toman postura en favor o en contra de Sautuola. De justicia es dejar constancia de aquellos que creyeron en el descubridor de Altamira, aunque callemos los nombres de quienes le negaron. Al lado de don Marcelino se pusieron los señores Pérez de Molino, Eduardo de la Pedraja y González Linares, fundador del Museo de Biología Marítima de Santander, entre otros, que siempre alentaron a su coterráneo y creyeron en su descubrimiento.

HALLAZGOS DE ARTE RUPESTRE EN FRANCIA: LOS PREHISTORIADORES FRANCESES RECUERDAN ALTAMIRA

Pasaban los años y las pinturas de Altamira, descubiertas por Sautuola en 1879, iban siendo casi olvidadas entre el mundo científico ocupado de la prehistoria. Sautuola y Vilanova, aunque nunca se dieron por vencidos y seguían manteniendo insistentemente su punto de vista, no cabe duda que hubieron de sufrir la amargura de ver

55. *Dos bisontes de pie. El superior carece de cabeza, que nunca debió de ser pintada por el hombre prehistórico.*

56. *Bisonte de pie, uno de los más representativos del conjunto del salón de los polícromos.* ▶

denegada una teoría que ellos creían firmemente asentada. En 1888 moría Sautuola y cuatro años después Vilanova. La ciencia y la intuición española, representadas por estas dos egregias figuras, dejaba sin duda campo libre a las opiniones francesas negadoras de la autenticidad de Altamira. Parecía que, muertos ya sus dos paladines, el grupo de los defensores de la edad paleolítica del arte de Altamira, se batiría en retirada, sin posibilidad de triunfo.

Pero los acontecimientos, muy por encima a veces de toda posibilidad y de todo juicio humano, iban precisamente a valorar y a autentificar aquello que tantas mentes científicas rechazaron o dudaron, A partir de 1895 comienzan a aparecer en la propia Francia una serie de cuevas, Marsoulas, Font de Gaume, etc., que ofrecían, como en Altamira, pinturas y grabados. La situación ahora es francamente incómoda para algunos de aquellos prehistoriadores. El «fan-

57. *Otro detalle del conjunto de bisontes.*

publicando en la revista «L'Anthropologie» (1902) su conocida «Mea culpa d'un sceptique», acomodándose así, después de veintidós años, a la creencia española que afirmaba la edad paleolítica para las pinturas de Altamira. Sautuola y Vilanova quedaban reivindicados y se demostraba con ello su genial anticipación en el juicio sobre una cuestión que los franceses no supieron, quizás un poco orgullosamente, estudiar con el requerido reposo y falta de apasionamiento.

UN HALLAZGO DE TRASCENDENCIA UNIVERSAL

Altamira pasó así a ser un hito en la historia del arte universal de un valor tan inesperado como admirable. El descubrimiento de las pinturas proyectaba los orígenes del arte a distancias insospechadas y cambiaba, en cierta manera, los criterios darwinistas sobre la mente y figura del hombre prehistórico. La alta calidad de su arte, casi moderno en sentido a pesar de los siglos, nos permite hacernos una imagen del hombre paleolítico muy distinta de aquélla que imaginaban los antropólogos del siglo XIX. El «homo sapiens», autor del incomparable conjunto de Altamira, es indudable que había llegado a un desarrollo cerebral que le permitió, en el aspecto artístico, la misma altura y fuerza creacional, y no menor, que la que el hombre actual posee.

Por otra parte, los restos de las más viejas culturas conocidas quedan, ante la remota revelación de Altamira, como algo reciente o cercano. Occidente, —y en esto fue Sautuola quien nos preparó los escalones para comprenderlo— se anticipaba milenios en la creación del gran arte de la humanidad, abriendo campos insospechados en el juicio de nuestros más remotos antepasados que, gracias al milagro de las pinturas de Altamira, se nos aproximaban tanto que hasta la sensibilidad nos parece hermana gemela de la nuestra.

tasma» de Altamira se les aparece una y otra vez y resulta cada vez más difícil poder eludir una responsabilidad por aquellas cerradas negativas a la opinión de los españoles casi desconocidos que cada vez, y aun muertos, iban adquiriendo ante la ciencia prehistórica francesa una valoración más desmesurada, llevando consigo su recuerdo, además, una gran dosis de remordimiento.

Cartailhac tomó noblemente, a través de su sometimiento, la palabra de sus colegas,

58. *Bisonte encogido que vuelve la cabeza.*

60. *Caballo en rojo del salón de las pinturas.* ▶

59. *Cabeza en negro de bisonte en el centro del techo de los polícromos.*

62. *Jabalí al galope del salón de los polícromos.*

LA CUEVA

La cueva de Altamira, afectada hoy en su ingreso con restricciones drásticas, es pequeña, relativamente. Comparada en su tamaño con lo que suelen ser las cuevas naturales santanderinas, abiertas en la caliza, que alcanzan a veces longitudes de quiló-metros, Altamira es modesta como cueva. Unos 270 metros hay desde la entrada al extremo final de «la cola». La entrada da paso al vestíbulo (A) donde, aprovechando la luz, el hombre prehistórico desenvolvía mucha parte de su vida, resguardado de las violencias del tiempo. La sala de pinturas (B) es el lugar más emocionante del recorri-

◄ **61.** *Magnífica figura de cierva en el extremo del conjunto de los polícromos.*

do, en cuyo techo se extiende el gran conjunto mundialmente conocido de la pintura policromada. Otras salas y corredores (C, D, E, F, G y H) prolongan el espacio subterráneo hasta el estrechamiento final (I), tan apretado de paredes que casi impide el paso holgado de una persona. Si bien, como hemos dicho, el punto cumbre del recorrido es la gran sala de pinturas, hay que anotar que no sólo aquí se encuentran manifestaciones de arte. Grabados y pinturas simples, en negro, existen casi en todas las zonas de la cueva, predominando los grabados en el estrecho corredor final.

LA SALA DE PINTURAS: «CAPILLA SIXTINA DEL ARTE CUATERNARIO»

La gran sala cuyo techo, verdadera bóveda natural, acumula las más bellas figuras de bisontes del arte cuaternario, mide 18 metros de largo por 9 de ancho. El artista prehistórico trabajó muy forzado, debido a la altura del suelo, que no le permitía casi mantenerse de pie. Hoy día se ha rebajado este suelo, pero en el magdaleniense el hombre tendría que permanecer agachado muchas veces para ejecutar las pinturas.

La primera impresión que produce la contemplación de esa roca manchada de rojos es de pasmo y de admiración. El animal más veces representado es el bisonte (16 figuras) en posturas muy diversas: de pie, agachado, en el instante de iniciar el salto, volviendo la cabeza, etc. El tamaño es grande, y si el bisonte está dibujado a escala mitad aproximadamente del natural, la cierva tiene incluso mayor longitud (2,25 metros). Junto a bisontes más o menos hieráticos, inmóviles, aparecen otros en contenida postura de movilidad. El interior se tiñe de ocre rojo natural; los contornos suelen valorarse con tintas negras sacadas del manganeso o del carbón vegetal. Muchos de los animales llevan varias partes de su cuerpo, sobre todo cabeza y extremidades, grabadas fuertemente, y otros adquieren verdadero volúmen escultórico al pintarse

dentro de las verrugas naturales de la bóveda.

El artista paleolítico se manifestó en la ejecución de estas pinturas como un genial maestro, capaz de captar en simples manchas, las proporciones, formas y vida de la fauna que le rodeaba. Si algunas figuras pueden calificarse de reales, otras, como algunos bisontes, son verdaderos ejemplos de expresionismo. El hombre cuaternario ha sabido comprimir en ellos, no un bisonte concreto, sino el alma de la especie, el emblema, diríamos, o la síntesis, de la fuerza, de la emoción y de la tensa constitución de unos animales que un día formaran parte de sus inquietudes y zozobras.

Arte religioso, sin duda el primer arte sacro de la historia, las pinturas de Altamira nos presentan no el simple animal físico y desligado, sino la comunión, en su imágen, de un pensamiento y de una tortura humanas que se desborda allí, y se perfila en ocres sangrientos, con un afán de permanencia que busca además —y consigue— la exteriorización de desconocidas presiones internas de aquella temerosa humanidad agobiada por el misterio de una naturaleza indomable.

Decía yo en otro lugar que la radiación emocional emitida por las pinturas de Altamira, y en general por todas las prehistóricas, debe de ser captada no con la simple antena del arte sino con alguna otra receptora de los problemas más hondos de la filosofía humana. Quien entra en Altamira con ánimo superficial o simplemente curioso es seguro que ha de salir de allí sin haber recogido sino la mera física de las pinturas. Altamira es un latido hecho piedra, del gran misterio que llena todas las cosas; misterio de la conciencia y del ser del hombre, misterio de sus inmensas y permanentes inquietudes, misterio de su miedo insondable, misterio, en fin, de la vida y de la muerte. Por ello Altamira es un santuario; antes —mientras el hombre mal vivía en sus entrañas— y ahora, porque es indudable que muy por encima de la materia de sus pinturas, y aún por encima del mismo arte,

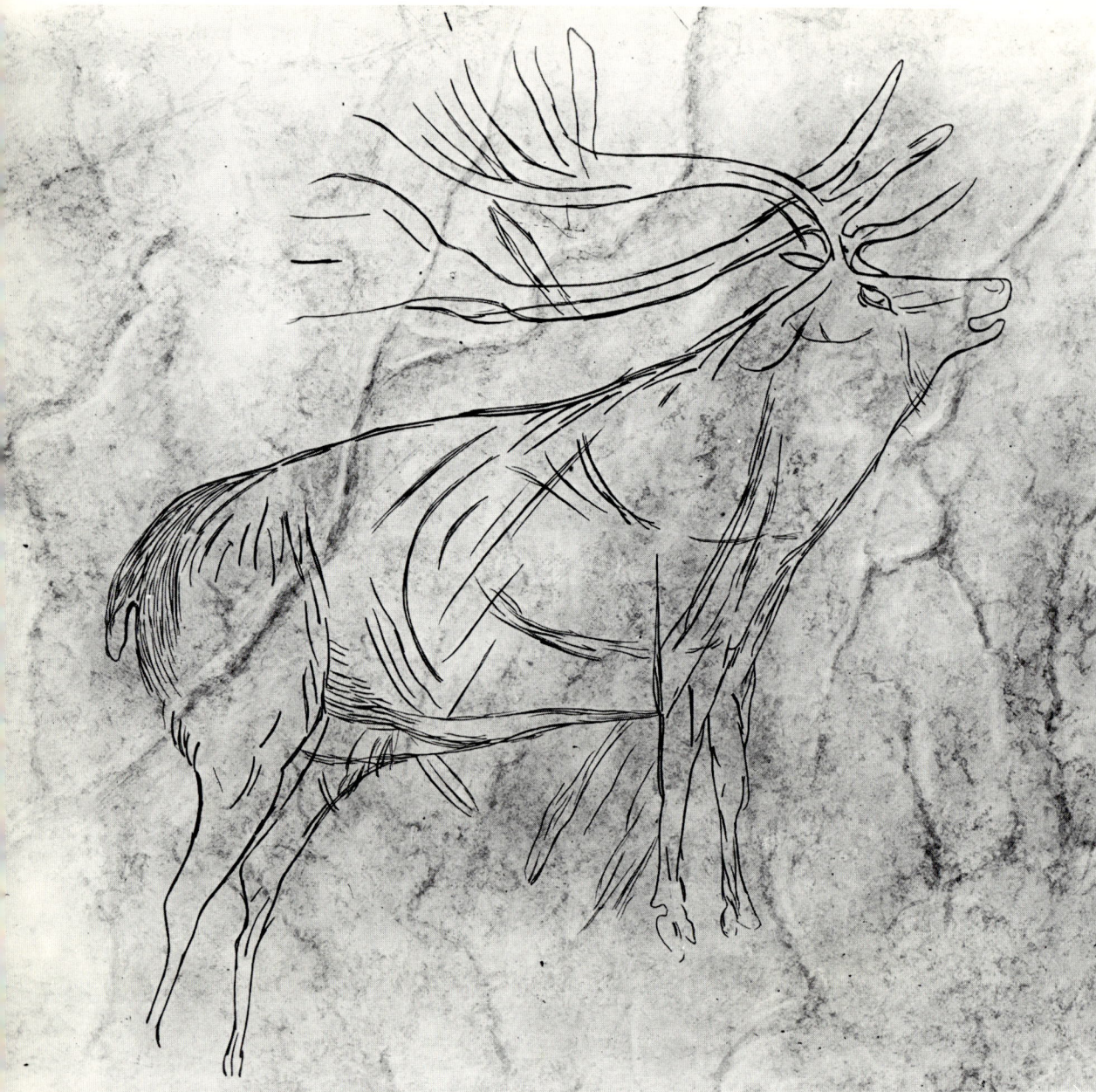

63. *Grabado de un gran ciervo bramando.*

los bisontes de Altamira trascienden la fuerza incontenible de la inquietud y del destino humano.

EDAD DE LAS PINTURAS DE ALTAMIRA

Uno de los problemas más interesantes de Altamira es, sin duda, la cronología de sus pinturas. ¿Cuántos años, cuántos siglos llevan ahí, pegadas a la roca, las siluetas enrojecidas de sus bisontes? Antes de conocerse la técnica moderna del carbono 14, capaz de fijar muy aproximadamente la edad de una materia orgánica, y únicamente a través de los estudios arqueológicos y geológicos fue fijada la fecha de estas pinturas, por el P. Carballo, primer Director del Museo de Prehistoria de Santander, en 13.000 años. Posteriormente, el análisis de materias halladas en las excavaciones del vestíbulo de la cueva, merced al susodicho método, proporcionó una datación muy semejante: 15.500 ± 700 años. Los análisis de conchas dieron fecha algo más baja, pero que se acerca más a la cronología intuitiva del P. Carballo: 13.900 ± 700 años. Es pues casi seguro, teniendo en cuenta además, los nuevos descubrimientos de pinturas en la cueva de «Tito Bustillo», en Ribadesella —que pueden en estilo parangonarse a las de Altamira—, que las pinturas de la universal cueva santanderina fueron realizadas en la época Magdaleniense III-IV o cantábrico que se desenvuelve entre los 15.000-12.000 años aproximadamente.

OTRAS MANIFESTACIONES DE ARTE EN LA CUEVA

Si el visitante, como es natural, suele ver solamente la gran sala de los bisontes, que es, en verdad, el máximo acontecimiento artístico de la cueva, y suficiente para demostrar la extraordinaria capacidad creadora del hombre prehistórico, otras manifestaciones de pintura y grabado se extienden a lo largo de las restantes paredes de la cueva, desde los simples rasguños en la arcilla, hasta los animales perfectamente acabados realizados con incisiones en la roca. Destacan pinturas en negro como el bisonte en línea de la galería inferior F o las cabezas de cierva de esta misma sala, los ciervos y ciervas grabados entre C y D, y los numerosos caballos, bóvidos, ciervos, etc., del corredor I. Todos ellos valoran, desde el punto de vista científico, el conjunto de arte de Altamira y complementan ese gran milagro paleolítico del gran salón de los polícromos.

LAS EXCAVACIONES ARQUEOLOGICAS EN ALTAMIRA

Las primeras excavaciones en la cueva de Altamira fueron realizadas, como es de suponer, por Sautuola, seguidas después por otros como E. de la Pedraja, Vilanova y Harlé. El propio Cartailhac, negador inconciliable de la autenticidad de las pinturas, también excavó en Altamira en unión del abate Breuil, que después iba a ser el que publicase el primero y más trascendente estudio sobre las pinturas de Altamira.

Todos estos excavadores, según propia confesión del último, no determinaron claramente los niveles de ocupación de Altamira por el hombre. Fue el gran entusiasta montañés, Hermilio Alcalde del Río, quien, en subsiguientes exploraciones realizadas con más detenimiento (1906) pudo señalar ya los dos estratos arqueológicos más diferenciados: el inferior, magdaleniense inferior y medio, muy carbonoso, con agujas, huesos trabajados, dientes perforados, etc., y el inferior, con arcilla, de época solutrense y con útiles característicos de este período. Esta estratigrafía fue corroborada por el último excavador de Altamira hasta el presente, el Prof. Obermaier, que llegó a encontrar en los niveles solutrenses «*lápices de ocre rojo y amarillo de distintos matices, carbón de madera y marga blanca grisácea (que) repre-*

sentan los materiales utilizados para la confección de los colores».

INTERPRETACION Y FINALIDAD DE LAS PINTURAS DE ALTAMIRA

El problema de la interpretación y finalidad de las pinturas de Altamira es el mismo que existe para todo el arte paleolítico. ¿Por qué y para qué pintó el hombre prehistórico, una y otra vez, la imagen de los animales que con él convivían? Las teorías que quieren explicar ésto han sido varias; las más basan sus razonamientos en comparaciones etnológicas tomadas de las costumbres de los pueblos primitivos. Para ellas el arte paleolítico sería una consecuencia de los ritos de apropiación de la caza, y, por lo tanto, cabe la suposición de un arte en cierta manera provocado por creencias mágicas o religiosas más o menos concretas. Para otros la explicación sería el totemismo, viniendo a ser las pinturas como un relato tribal en relación con la mitología totémica de un grupo humano. Recientemente el Prof. Leroi-Gourhan va más lejos en su teoría y, valiéndose de métodos estadísticos, propugna la tesis de que el arte paleolítico de las cuevas prehistóricas representa una verdadera organización perfectamente pensada en función de un simbolismo metafísico, lo que equivale a considerar las cuevas como verdaderos «santuarios» que recogen la explanación de todo un sistema o dogma religioso, que se repite una y otra vez en la mayor parte de los conjuntos artísticos rupestres paleolíticos. Teoría ésta muy discutida, y quizás exagerada en su planteamiento, pero que no hay duda aporta —juntamente con su criterio de «estilos»— consecuencias muy aprovechables, tanto para la cronología como para los estudios de interpretación de las pinturas.

INDICE